AF310348

RE'PONSE SOMMAIRE

A la Requête imprimée du Sieur Languet;

POUR

La Dame Marquife d'Antigny.

LE Sieur Languet auffi fertile en répétitions, que ftérile en bonnes raifons, vient de groffir encore le procès, qu'il a contre la Dame Marquife d'Antigny, par une Requête impri-mée de 85 pages; qui ne contient autre chofe, à vrai dire, que ce qu'on a lû dans deux Mémoires, qu'il avoit déja diftri-bué, l'un de 64 pages d'impreffion, l'autre de 15.

S'il a prétendu laffer la patience de fes Lecteurs, on doit avoüer qu'il eft parvenu à fon but; mais s'il s'eft flatté de les perfuader, l'on ofe dire qu'il a bien perdu fon tems & fa dépenfe.

Ce n'eft pas au refte, qu'il n'ait mis en ufage toute l'induftrie, dont un Plaideur confommé eft capable. Comme il a interêt d'embroüiller & le Fait & le Droit dans ce procès, il n'a rien auffi oublié de tout ce qui pouvoit fervir à fon deffein. Il a com-pofé à fon gré une hiftoire de la Seigneurie de Sivry, non pas fuivant les piéces du procès, mais fuivant que fes préventions lui en ont formé le plan. Il n'a pas moins jetté de confufion dans les queftions de Droit; enforté qu'il y auroit de quoi allarmer la Dame Apellante, fi elle n'étoit raffurée par la pénétration de fes Juges; Leurs lumieres fupérieures n'auront pas de peine à démê-ler la vérité, s'ils ont la bonté de donner leur attention, à quel-ques courtes réflexions qu'on fe propofe de faire; ils connoî-tront que c'eft injurieufement & calomnieufement, que le Sieur Languet a ofé reprocher au Sieur Marquis d'Antigny, d'avoir donné lui-même, à la veille du Jugement du procès en premiere inftance, un Mémoire *chargé de faits déguifés.* Le Confeil, qui l'a dreffé, n'eft point accoutumé à déguifer des faits, ni d'un carac-tére à en impofer à la Cour; on ne l'en a jamais accufé, encore moins le lui a-t-on reproché.

Faits altérés par le Sieur Languet.

FAIT I.

P. 21 de la Requête du Sieur Languet.

Si l'acte de reprife de Fief de Sivry, faite en 1296, par Guyot de Sivry, au profit du Baron d'Antigny, étoit repréfenté, on y verroit vrai-femblablement, qu'il ne parle pas de la Terre de Sivry-les-Arnay, mais d'un autre Sivry.

RE'PONSE.

Si la Dame Apellante avoit cet acte en fa puiffance, elle n'auroit garde de le cacher, puifqu'il feroit décifif. Mais il eft fuffifamment remplacé, par l'énonciation, qu'on en trouve, dans le procès verbal du 16 Décembre 1579, fait par le Lieutenant au Bailliage d'Arnay-le-Duc, contradictoirement avec le Procureur du Roi, & l'auteur du Sieur Languet. Qu'y a-t-il de plus autentique?

Qu'il y ait été queftion d'un autre Sivry, que de celui, dont il eft queftion au procès, c'eft une autre imagination du Sieur Languet. Il ne fe trouvera pas, qu'il y en ait d'autre, qui foit, ou qui ait jamais été mouvant du Château d'Antigny.

Si cet acte avoit regardé un autre Sivry, Jean Brouhot & les Gens du Roi auroient-ils fouffert, qu'on s'en fût prévalu contre eux? Cela ne mérite pas une plus ample réfutation; & hazarder un pareil fait, c'eft montrer que l'on ne fçait plus que dire.

D'ailleurs cette reprife de Fief eft confirmée par une autre de l'année 1387, que la Dame d'Antigny a nouvellement recouvrée & produite.

FAIT II.

Pag. 22 ibid.

En 1498, lorfque le Sieur Arbalefte achera une portion du Fief de Sivry, le Baron d'Antigny poffédoit le refte : fi on produifoit le contrat de cette acquifition du Sieur Arbelefte, on y verroit la vérité de ce fait.

REPONSE.

On ne fçauroit guéres voir de fupofition plus chimérique. Si quelqu'un doit avoir le contrat, que demande le Sieur Languet, c'eft lui-même, car c'eft le titre de fon auteur. A l'égard de la Dame Apellante, elle & feu Mr. fon mari ont toujours déclaré qu'ils ne l'avoient point. C'eft un hazard que la quittance du 2 Novembre 1498 fe foit confervée parmi leurs papiers. Elle prouve uniquement, que Sivry étoit alors un arriere-Fief, du moins pour la portion du Sieur Arbalefte. La préfomption feroit donc que le refte étoit de même nature, quand même le fait ne feroit pas prouvé par d'autres actes, comme il l'eft au procès.

FAIT III.

Pag. 22 ibid.

Par l'acquifition que le Baron d'Antigny fit en 1529, de la

portion du Fief de Sivry poſſédé par les héritiers Arbaleſte, il la réunit à ſa table.

RÉPONSE.

Cet acte ne parle point de réunion. Le Sieur Languet veut perſuader, qu'elle s'eſt faite de droit. C'eſt ce qu'on lui a nié, du moins par raport à la Juriſprudence obſervée au tems de cette acquiſition, qui ſeule doit être conſidérée en cette occaſion. C'eſt une queſtion de Droit qui a été traitée dans les précédens Mémoires, & dont on poura dire encore un mot dans la ſuite.

FAIT IV.

Il eſt vrai qu'en 1574 Jean Brouhot acquit le Fief de la Tour de Jean de la Baume. Mais de qui ce de la Baume l'avoit-il acquis ? C'eſt ce que l'on ne ſçait pas. Mais il faut néceſſairement que ce ſoit du Baron d'Antigny.

Pag. 11 ibid.

RÉPONSE.

S'il faut néceſſairement que cela ſoit, on le ſçait donc. Cependant le Sieur Languet avouë qu'on ne le ſçait pas. C'eſt ſa maniere ordinaire de raiſonner. Celle de la Dame Apellante eſt au contraire de ſoutenir, que puiſque Jean de la Baume poſſédoit cette portion de Fief en 1574, la préſomption eſt qu'il la poſſédoit par lui, ou par ſes auteurs en 1529, à moins qu'on ne prouve le contraire.

Mais le Sieur Languet ne parle pas de la portion de Sivry, que le même Brouhot acquit en 1578 par decret ſur les veuve & héritiers de Loüis Berthot. Dira-t-il encore que Berthot l'avoit *néceſſairement* acquiſe du Baron d'Antigny ? Comment n'a-t-il pas encore ajouté cette ſupoſition aux autres, qu'il a imaginées ?

FAIT V.

Ces ſupoſitions ſont juſtifiées par les Ecritures de l'Avocat Chanut du 13 Aout 1619, pour le Procureur d'Office de la Baronnie d'Antigny, qui convint alors, que toutes les portions de Sivry furent réünies à cette Baronnie, par Girard de Vienne, en 1529.

Pag. 11, 17, 30, 31, 31, 38, 39, 48.

RÉPONSE.

Si le Sr. Languet n'avoit pas les yeux offuſqués par ſes préventions, il auroit déja reconnu, que ces Ecritures ne diſent rien de ce qu'il leur fait dire. En les liſant attentivement, il auroit été convaincu, que ces mots : *de tous leſquels Seigneurs propriétaires & poſſeſſeurs, Meſſire Girard de Vienne auroit acquis le droit*, &c. ne ſont rélatifs, qu'aux Seigneurs, dont Chanut venoit de parler en dernier lieu, ſçavoir les héritiers du Sr. Arbaleſte, & autres propriétaires & poſſeſſeurs de la portion, qui lui avoit apartenu. C'eſt à quoi la Cour eſt ſupliée de faire attention, ainſi qu'aux autres obſervations, que la Dame Apellante a faites ſur ces Ecritures, dans ſon ſecond Mémoire imprimé, pag. 4, qu'il eſt inutile de répéter ici. Elles ſont d'autant plus eſſentielles, qu'elles détrui-

4

sent l'unique fondement du sistème imaginaire du Sr. Languet.

FAIT VI.

Pag. 14 & 81 ibid. Il est vrai que par Sentence du Bailliage d'Arnay-le-Duc du 30 Octobre 1579, la Terre de Sivry fut déclarée mouvante de la Seigneurie d'Antigny, contradictoirement avec le Procureur du Roi, & que cette Sentence fut acquiescée, tant par cet Officier, que par Jean Brouhot ; mais ce fut l'effet du crédit, & des menaces du Baron d'Antigny ; d'ailleurs ce Lieutenant au Bailliage d'Arnay-le-Duc fut déclaré depuis par Arrêt de la Cour, incapable de posséder aucune Charge, & la sienne confisquée au profit du Roi.

RÉPONSE.

Comment ose-t-on avancer de pareils faits, sans en avoir la moindre preuve ? Où le Sieur Languet a-t-il pris que ce Lieutenant au Bailliage d'Arnay-le-Duc ait été flétri par Arrêt de la Cour ? pourquoi, sans preuve, fait-il cette injure à la mémoire d'un homme, dont le nom seul demandoit plus de circonspection, & plus de réserve ? que diroit-il, si on parloit aujourd'hui de ses Sentences, comme il parle de celles de l'un de ses prédécesseurs ?

Mais sans faire sur cela de plus longs commentaires, & quoiqu'il en soit, peut-il nier quelle n'ait passé en force d'Arrêt, par l'acquiescement qu'y ont donné toutes les Parties intéressées ? il n'y en a jamais eu d'apel, & il ne peut y en avoir, que de la part de Mr. le Procureur Général, qui est trop juste & trop éclairé, pour apeller d'un Jugement aussi légitime. Ce Jugement néanmoins ne peut être réformé, que par cette voie ; & cela seul suffit pour montrer l'irrégularité de la Sentence dont est apel.

FAIT VII.

Pag. 14 & 50 ibid. Lorsque le Baron d'Antigny vendit à Jean Brouhot, ce qu'il avoit en la Seigneurie de Sivry en 1589, il ne se réserva pas la mouvance. Au contraire il lui vendit tous les droits, qu'il y avoit, sans exception. Donc il lui vendit la mouvance.

RÉPONSE.

Il est vrai, qu'il n'y a point de réserve de mouvance dans le contrat du 5 Septembre 1589, mais on a déja observé, & on ne sçauroit trop le répéter, que ce contrat ne contenoit point une vente pure & simple. Il y avoit une faculté de réméré pour six ans. Il y a donc aparence, qu'il y a eu postérieurement un autre acte, qui contient un département de cette grace, & la réserve de la mouvance. Ce n'est point là, comme on l'a déja dit, une vaine conjecture. Il y en a au procès deux preuves solides.

1°. Dans l'acte de compromis, passé entre le Baron d'Antigny & Jean Brouhot le 29 Août 1578, sur un procès qui étoit

alors entre eux, Brouhot reconnut expreſſément, que la portion
de Sivry qu'il avoit acquiſe en 1589, *lui avoit été vendue char-
gée de Fief envers ledit Seigneur.* Le Sieur Languet peut-il défavouer
un fait avoué par ſon auteur, & avoué dans un tems où il
étoit en procès contre le Baron d'Antigny ?

2°. Brouhot croyoit ſi peu être déchargé de la mouvance
envers le Seigneur d'Antigny, que par acte du 2 Octobre 1589,
produit au procès, il lui rendit hommage pour raiſon de ſon
acquiſition. Peut-on voir une preuve plus forte de ce qui
avoit été convenu entre le vendeur & l'acheteur ?

D'ailleurs, comment l'entend le Sieur Languet, quand il dit
qu'en vendant la Seigneurie à Brouhot, on lui vendit la mouvance ? s'entend-il bien lui-même ? prétend-il que par là il
étoit devenu ſon propre Vaſſal, Vaſſal de lui-même ? il le faut
bien ; c'eſt une ſuite de ſon raiſonnement, & il ne manquoit
plus que cela aux abſurdités qui les accompagnent.

Pour lui vendre la mouvance de ſon Fief, il auroit fallu lui
vendre le Chateau d'Antigny, parce que c'eſt au Chateau d'Antigny que ce droit eſt attaché. Il dépend, non pas de la Seigneurie de Sivry, mais bien de celle du Fief dominant ; cela
eſt ſi trivial qu'on auroit pudeur de s'arrêter davantage à une
pareille objection.

FAIT VIII.

Dans ce contrat du 5 Septembre 1589, le Seigneur d'Anti- Pages 24 & 25
gny n'excepta de la vente de ce qu'il avoit à Sivry, que ce ibid.
qu'il en avoit vendu peu auparavant à Jean Goulye. Or, cette
portion de Jean Goulye reléve actuellement du Roi. Il en doit
donc être de même de la portion vendue à Brouhot.

RÉPONSE.

Le Seigneur d'Antigny n'a jamais vendu à Goulye de portion de la Seigneurie de Sivry, mais ſeulement quelques fonds
en roture, qui ſont encore dans le même état. On a déja dé-
fié, & on défie encore le Sieur Languet, de prouver que ce
particulier, qui n'étoit qu'un payſan, ni aucuns de ſes ayans
cauſe, ayent jamais rendu hommage au Roi à ce ſujet.

FAIT IX.

Il eſt vrai, que par acte du 19 Avril 1619, les enfants de Pages 27, 28,
Brouhot ont reconnu tenir en Fief la Seigneurie de Sivry de 50, 51, 81 ibid.
la Baronnie d'Antigny. Mais cet acte eſt un chifon, une pa-
peraſſe, qu'on a tort de qualifier de Sentence arbitrale, puiſqu'il n'y paroit aucuns Arbitres. Le Notaire étoit Greffier d'Antigny. Les trois témoins étoient Officiers, ou Domeſtiques du
Seigneur ; c'eſt dans le Château qu'il fut paſſé ; les Brouhot
étoient des miſérables ruinés, à qui il ne reſtoit pas du pain,
leſquels n'étoient pas en état de réſiſter. Enfin, cet acte fut la
ſuite d'un mauvais procès ſuſcité en 1598, par le Baron d'Antigny, à Jean Brouhot.

B

RE'PONSE.

Il faut d'abord écarter le fait , que le procès terminé en 1619, fut une suite de celui de 1598. Le Sieur Languet prend plaisir à s'égarer, pour jetter les autres dans l'égarement. Le procès de 1598 n'avoit aucun raport à la mouvance. Et comment pouvoit-il y avoir raport ? puisque par le compromis du 29 Aout de cette année, Brouhot avoit reconnu , qu'elle apartenoit au Baron d'Antigny. Il n'étoit question en ce procès , que de quelques héritages, que ce Seigneur prétendoit s'être réservé à Sivry. Les pièces qui sont produites en font foi.

Au lieu que l'autre procès, qui fut terminé en 1619 , ne commença qu'en 1613, à l'occasion d'une portion de Sivry, que Jean Brouhot, le même qui avoit acquis en 1574 & 1578, & compromis en 1598, (car il n'y en a qu'un de ce nom) & ses enfants avoient vendus aux freres Moingeon, & dont le Baron d'Antigny demandoit la commise, parce que les acheteurs en avoient pris possession, sans faire le devoir de Fief ; cette instance dura plusieurs années, & fut enfin réglée à l'amiable par l'acte de 1619, qui n'est point une Sentence arbitrale, mais une véritable transaction.

Rien n'est plus frivole , que les moyens dont se sert le Sieur Languet pour l'attaquer. Par où prouve-t-il que le Notaire fut alors Greffier d'Antigny ? parce que , dit-il , il l'étoit en 1642, suivant quelques actes du procès. Belle conséquence. Mais quand il auroit été Officier de la Terre d'Antigny, quand il y auroit quelque chose à dire à la qualité des témoins instrumentaires, cela renverseroit-il un acte signé des Parties ? & ne vaudroit-il pas du moins, comme écriture privée ?

La circonstance du lieu, où cet acte fut passé, étoit encore fort inutile à relever. Qu'y a-t-il de plus ordinaire dans tous les actes , qui se passent avec les Seigneurs, que de les signer dans leurs Châteaux ? qui s'est jamais avisé de s'en plaindre ? les Brouhot s'en font-ils plaints eux-mêmes ? ont-ils prétexté de la violence ? ont-ils pris des Lettres de rescision contre cet acte ? ils étoient des Seigneurs, ils y sont qualifiés Seigneurs du Champ, la Vesvre , & Sivry-les-Arnay : voilà les preuves de leur mendicité. Mais, c'en est assés, suivons le Sieur Languet dans les faits qu'il allégue encore à ce sujet.

FAIT X.

Pages 28 , 31, 32 ibid.

Cette transaction n'a jamais été exécutée. Les Barons d'Antigny ne l'ont fait expédier que depuis peu, qu'ils l'ont tirée de la poussiére où ils l'avoient laissée.

RE'PONSE.

On ne peut pas assurer , qu'elle ait été expédiée au tems qu'elle fut renduë. Il est cependant difficile d'en douter, puisqu'elle termina un procès, qui étoit important pour les Seigneurs d'Antigny.

Mais pour l'exécution, elle eſt indubitable. On a prouvé par piéces au procès, que les Moingeon reprirent de Fief & fournirent leurs dénombrements en 1642, 1663, 1670 & 1687, & que le pere du Sieur Languet ſatisfit aux mêmes devoirs en 1690, quand il eut acquis la portion des Moingeon. Mais un de leurs héritiers vient encore de fournir à la Dame Apellante un pareil acte plus voiſin du tems de la tranſaction. C'eſt l'original de la repriſe de Fief de Jean Moingeon, faite tant pour lui, que pour ſes Conſors au Baron d'Antigny, le 17 Octobre 1621, pour raiſon de la même portion de Fief ; par lequel acte, il paroit que les Moingeon avoient payé de plus au Seigneur la ſomme de 90 livres, qui vrai-ſemblablement étoit le prix du département de la commiſe, que ce Baron avoit fait par la tranſaction de 1619, ou de l'eſtimation des fruits de la mainmiſe.

En vain dit-on, que dans ces actes la tranſaction de 1619 n'eſt point rapellée. Les faits ſont plus puiſſants que les paroles, *faɐa potentiora verbis.* Les Moingeon, qui n'avoient pas voulu en 1613 reconnoître le Baron d'Antigny pour leur Seigneur dominant, l'auroient-ils reconnu en 1621, & encore depuis, s'ils n'avoient ſçû, à quoi les obligeoit la tranſaction de 1619 ?

Mais que répond le Sieur Languet aux autres hommages, poſtérieurement faits par le Sieur de Saint Leger, & par le Sieur de Trécourt, & en dernier lieu par le Sieur Thibert ſon ayeul, & par le Sieur Languet ſon pere ? Il a gardé ſur cela un profond ſilence, & c'eſt ce qu'il a fait de mieux dans tout ce procès.

<h2 style="text-align:center">F A I T XI.</h2>

Page 2 ibid.

Le feu Sieur Marquis d'Antigny, ſans avoir inſtruit le Sieur Languet de ſon contrat de mariage, qui lui donnoit la Terre d'Antigny, a procédé par mainmiſe ſur le Fief de Sivry.

<h3 style="text-align:center">R E' P O N S E.</h3>

Où eſt ici la bonne foi du Sieur Languet ? A-t-il donc oublié qu'il y a de lui pluſieurs Lettres produites au procès, & écrites à la Dame Apellante, où en répondant aux invitations réïtérées, qu'elle lui avoit faites de venir rendre le devoir de Fief, il ne paroiſſoit ignorer, ni le mariage du feu Sieur d'Antigny, ni ſa qualité de Seigneur de cette Terre ?

D'ailleurs s'il le méconnoiſſoit pour tel, ignoroit-il le chemin de ſon Château ? Et un ancien Officier comme lui ne ſçavoit-il pas, que ſon devoir de Vaſſal l'obligeoit du moins à s'y rendre, pour reprendre de Fief à la perſonne du principal Officier du Marquiſat d'Antigny, en l'abſence du Seigneur, ſuivant que l'exige la Coutume ?

<h2 style="text-align:center">F A I T XII.</h2>

Page 2 ibid.

Le Sieur Languet, après la mort du Sieur ſon pere, pria le Sieur Marquis d'Antigny pere de lui remettre les Terriers de la Seigneurie de Sivry, avec les autres titres & enſeignements de cette Terre. Mais il a différé de lés lui remettre, quoiqu'il ſoit prouvé qu'ils ſont en ſa puiſſance.

RE'PONSE.

Par où cela est-il prouvé? On défie le Sieur Languet d'en ra-
porter le moindre indice. Depuis 1689, les Seigneurs d'Antigny
n'avoient plus rien en la Seigneurie de Sivry ; quand ils vendi-
rent à Jean Brouhot ce qu'ils y avoient, ils lui en remirent sans
doute les titres qu'ils en avoient , & qui de ses mains ont passé en
celles de ses successeurs. Il vient d'en fournir lui-même la preuve,
en produisant un ancien extrait du Terrier d'Antigny fait en
1577. Si les Seigneurs d'Antigny en avoient retenu d'autres papiers, Jean Brouhot & ses successeurs, avec qui ils ont eu plusieurs procès, auroient-ils tant tardé à les leur demander ? Aussi
ce n'est pas cela, que vouloit le Sieur Languet. Si la Cour a la
bonté de lire ses Lettres à la Dame Apellante, Elle connoîtra
qu'il ne cherchoit qu'à l'engager à lui montrer ses papiers, mais
en secret , & sans témoins. Il vouloit fouiller dans les Archives
d'Antigny , sans l'intervention des gens d'affaire de cette Dame ,
puisque gens d'affaires y a. On laisse à la Cour à pénétrer les
motifs de cette curiosité mystérieuse.

FAIT XIII.

Page 22 ibid.

Le Fief de la Tour de Sivry est une chose distincte de la Terre
& Seigneurie de Sivry.

REPONSE.

C'est comme si on disoit , que la partie est une chose distincte du tout. Mais puisque le Sieur Languet convient enfin
aujourd'hui, pag. 25 & 31 de sa Requête imprimée , que cette
distinction est indifférente au procès , ce n'est pas la peine de
s'y arrêter.

FAIT XIV.

Pages 27,79,
ibid.

Le feu Sieur Marquis d'Antigny a accusé le Sieur Languet
de supositions , d'être homme de mauvaise foi , de mauvaise
humeur, d'un esprit processif, d'avoir fait des propositions ridicules & impertinentes , & enfin d'une opiniâtreté insolente ,
qui doit le faire regarder avec indignation ,& condamner avec
sévérité. Ces termes insultants méritent réparations.

RE'PONSE.

Si le Sieur Languet avoit indiqué les endroits, où le feu
Sieur Marquis d'Antigny a employé ces termes, on pouroit lui
faire voir , que les uns ne sont pas tels, qu'il le dit, & qu'il a
pris les autres mal à propos dans un mauvais sens.
Dire qu'un plaideur est de mauvaise humeur , qu'il a l'esprit
processif, qu'il a fait de fausses supositions , & des propositions
ridicules & impertinentes, ce ne sont point des injures sujettes
à réparations. C'est à lui à se justifier sur les faits suposés, ou
déguisez dont on l'a accusé. C'est à lui à montrer qu'il a fait
des propositions pertinentes , & que le desaveu, qu'il a fait de

son Seigneur, a été une démarche prudente & sage.

Pour le terme *d'opiniâtrée insolence*, & non *d'opiniâtreté insolente*, ce n'est point au feu Sieur d'Antigny qu'il s'en falloit prendre ; c'est à M. Bégat, dont on n'a fait que citer les expressions, sur l'art. 3 *des Fiefs, pag.* 78. Mais en ce cas, que le Sieur Languet fasse donc aussi le procès à Dumoulin, pour avoir dit, au passage raporté au second Mémoire imprimé de la Dame Apellante, *pag.* 27, que le Vassal qui désavouë frauduleusement son Seigneur, *similis est furi*. Qu'il demande réparation à tous les Docteurs, à Cujas, à Hotoman, qui parlant de la félonie, dont le désaveu est une espèce, l'ont definie : *perfidia, ingratitudo, facinus, scelus, fraus, & improbitas Vassali*, comme l'atteste Bouchel, en sa Bibliotéque du Droit François, au mot *Félonie*. Est-ce la faute de la Dame Apellante, si les Jurisconsultes ont si peu ménagé les termes, en s'expliquant sur un procédé pareil à celui du Sieur Languet ?

Si quelqu'un avoit sujet de se plaindre d'avoir été injurié, ç'auroit été sans doute le feu Sieur d'Antigny. Car n'est-ce pas une injure qualifiée de la part d'un Vassal, de refuser à son Seigneur le devoir de Fief, de le méconnoître pour son Souverain, & de le mettre aux mains avec le Roi, par pure contrariété, & contre sa propre connoissance ? n'y a-t-il pas plus que de la témérité, d'avoir osé conclure, qu'il soit ordonné à la Dame Apellante de déclarer, qu'elle est fâchée, que le Sieur son époux ait fait écrire contre lui de prétendus termes injurieux, & qu'elle les désaprouve ? c'est cela sans doute qui doit être regardé avec indignation, & condamné avec sévérité.

On pourroit relever quelqu'autres faits faux, avancés par le Sieur Languet ; comme quand il parle des deux Jean Brouhot, quoiqu'il n'y en ait jamais eu qu'un de ce nom, ainsi que le porte le contrat de vente fait en 1613 aux Moigeon ; quand il dit contre la vérité, que le feu Sieur Marquis d'Antigny & lui, avoient nommé des Arbitres & Médiateurs, pour terminer leurs difficultés, & autres choses pareilles. On s'est contenté de relever ici seulement, ce qui étoit de quelqu'importance. Le reste l'a déja été dans les précédents Mémoires, ou ne mérite pas qu'on y fasse attention.

Pages 26, 51, ibid.

Page 84 ibid.

Mais ce que ne peut dissimuler la Dame Apellante, c'est que le Sieur Languet ait parlé d'une manière aussi peu mesurée, de Jacques de Vienne son bisayeul. Il veut que, fâché de l'aliénation faite par Antoine de Vienne en 1589, ce Seigneur ait employé toutes sortes de voyes, pour frustrer son acquéreur d'une partie de son acquisition ; que pour y réussir, il excita un particulier à refuser les droits Seigneuriaux qu'il devoit, & se fit apeller en garentie ; qu'ayant eu pudeur de soutenir une contestation si déraisonnable pardevant les Juges ordinaires, il proposa des Arbitres ; mais que les Arbitres n'ayant pas voulu céder à la force & au crédit, ce Seigneur, qui n'avoit de son côté que la raison du plus fort, ayant eu horreur lui-même de son procédé, & en ayant reconnu toute l'injustice, laissa périmer cette instance arbitrale.

Pages 25, 26, 50, 51, ibid.

C

Qu'a donc prétendu le Sieur Languet par ces expreſſions outrageantes ? où eſt la preuve de cette conduite ſi indigne de Jacques de Vienne ? ſur quelles piéces du procès a-t-il bâti ce roman ? ſeroit-ce donc qu'il ſut dans l'habitude d'écrire d'un ſtile peu modéré ? & parce qu'il a un mauvais procès , lui ſera-t-il permis d'hazarder par écrit, tout ce que ſon imagination lui préſente de chimére, pour le deffendre ? la Dame Apellante , qui eſt extrêmement ſenſible à cet outrage, ne ſçauroit ſe perſuader que la Cour n'entre dans ſon indignation ; elle eſpére , qu'elle voudra bien ſe ſouvenir, que celui , dont le Sieur Languet a parlé avec autant de licence , ſans aucun fondement, eſt petit-fils & ayeul de deux hommes qu'elle a adopté dans ſon auguſte Corps , & qu'elle a honoré de ſa conſidération & de ſon eſtime.

Mais c'en eſt aſſés ſur le fait , il eſt tems de répondre aux moyens de Droit, que le Sieur Languet a employés dans la même Requête imprimée. On tâchera de ne rien répéter de ce qui a été dit dans les précédents Mémoires de la Dame Apellante.

Réponſe aux moyens de Droit du Sieur Languet.

OBJECTION I.

Page 13 & ſuiv. Par l'acquiſition, que le Baron d'Antigny fit en 1529 d'une portion de Sivry, la réunion s'eſt faite de plein droit au Fief dominant.

RÉPONSE.

Il faut d'abord s'expliquer. Si le Sieur Languet vouſoit parler d'une réunion paſſagere, on n'auroit pas de peine à l'accorder ; on eſt même perpétuellement convenu de cette réunion, quoiqu'imparfaite. Mais ſi le Sieur Languet l'entend d'une pleine réunion, c'eſt-à-dire d'une conſolidation parfaite & incommutable, on le nie ; & on ſe flatte d'avoir prouvé qu'en 1529 ; c'étoit une maxime certaine en ce Royaume, que cette veritable réunion ne ſe faiſoit, que par une déclaration expreſſe de l'acquereur, ou quand dans les dénombrements du Fief dominant , il y comprenoit auſſi l'arriere-Fief. Ce n'eſt point une queſtion de Droit ; c'eſt une queſtion de fait , ſur laquelle la Dame Apellante a cité pour garants nos meilleurs Auteurs, qui s'accordent tous à dire, que telle étoit l'ancienne Juriſprudence.

Qui ſont au contraire ceux, que cite pour lui le Sieur Languet ? Des Auteurs, qui parlent de la nouvelle Juriſprudence introduite par la Coutume de Paris, & par quelques autres, & qui par conſéquent ne font rien à l'affaire.

Il allégue ſur tout Pocquet de Livoniere, nouveau Commentateur de la Coutume d'Anjou, qui s'eſt expliqué ſur cette matiere par raport à ſa Coutume, qui en a une diſpoſition expreſſe, que le Sieur Languet a inférée lui-même, *page* 44 de ſa Requête imprimée, ſans faire attention, qu'il énervoit entiérement par là, l'autorité de cet Auteur , qu'il employoit pour lui.

Comme les autres, sur lesquels il se fonde, n'atteſtent que l'usage nouveau, on n'ajouteroit rien à ce qui en a été dit par la Dame Apellante, *pages* 10 *&* 11 de son second Mémoire, si au sujet de Brodeau, le Sieur Languet n'avoit fait une petite supercherie, en lui faisant dire, *page* 37 de sa Requête imprimée, *qu'il a toujours été jugé, que la réunion se faisoit* ipso jure, *&c.* Or qu'en pensera la Cour, quand elle sçaura, que Brodeau sur Mr. Loüet, *lettre F. somm.* 5, *n.* 2, 3, après avoir dit, qu'*autrefois la réunion ne se faisoit pas de plein droit*, & après en avoir raporté les preuves, continuë ainsi ?

Mais depuis, NOVâ QUâDAM JURISPRUDENTIâ, *il a toujours été jugé, que les réunions se faisoient* ipso jure, *&c.* L'on voit que ce mot, *toujours*, ne comprend que le tems, qui a suivi l'introduction de la nouvelle Jurisprudence; au lieu que le Sieur Languet voudroit qu'on l'entendit auſſi du tems antérieur. On devroit être plus circonspect, quand on se plaint d'être accusé de mauvaise foi, qu'on en demande réparation, & qu'on reproche aux autres, ce ne prendre qu'une partie de ce que les Auteurs ont dit, & de laiſſer le reſte qui incommode.

Le Sieur Languet vient de produire un extrait du Terrier de la Baronie d'Antigny de l'année 1577, où sont compris les droits que le Baron d'Antigny avoit, au lieu de Sivry. En cela, on voit avec combien peu de bonne-foi, il demande depuis huit ans des titres, qu'il a entre les mains. Mais quelle induction en veut-il tirer ? il ne s'en eſt pas expliqué. Voudroit-il en conclure, que par ce Terrier le Seigneur d'Antigny regarda la portion de Fief de Sivry, que son auteur avoit acquise en 1529, comme réunie à sa Baronie ? A cela plusieurs réponses.

1°. Il faut observer, que poſtérieurement à la vente de cette portion faite en 1589 à Jean Brouhot, le Seigneur prétendit, qu'il y avoit à Sivry quelques meix, & sujets, qui de toute ancienneté dépendoient de sa Baronie, & qui par conséquent n'avoient point été compris dans la vente. L'extrait de ce Terrier, que le Sieur Languet a produit, le prouve aſſez ; & ce fut la matiere du procès, que Jacques de Vienne eut en 1598 avec Brouhot, & dont quelques piéces sont produites. C'eſt pour cela sans doute, qu'il eſt fait mention en ce Terrier de l'article concernant Sivry.

2°. Quand toute la portion de ce Fief, qui avoit été acquise en 1529, auroit été comprise dans le terrier, cela ne suposeroit point une réunion du même Fief à la Baronie d'Antigny. La raison eſt, que quand on poſſéde des Terres voisines les unes des autres, quoique diſtinctes & séparées, il eſt ordinaire de les comprendre dans un même Terrier, & on ne peut pas dire que cela opére une union de ces Terres, sur tout quand les droits de l'une ne sont pas confondus avec ceux de l'autre. Auſſi tous les Auteurs, qui parlent des actes, qui marquent la réunion tacite, exigent que le Fief servant ait été compris dans les dénombrements du Fief dominant, & ce sont là les seuls, dont on puiſſe induire la volonté présumée du Seigneur pour cette consolidation.

D'ailleurs toute cette difcuffion eft inutile, s'il eft certain, comme la Dame Apellante fe perfuade de l'avoir démontré, que quand il y auroit eu une véritable réunion de l'arriere-Fief au Fief dominant, il auroit pû en être valablement défuni dans la fuite, & qu'après un fiécle & demi de poffeffion, cette défunion ne fçauroit plus être impugnée.

OBJECTION II.

Pages 19, & 49. La réunion d'une portion du Fief de Sivry au Fief dominant, a opéré de plein droit la réunion des autres portions de cet arriere-Fief, quand même elles n'auroient point point été poffédées par le Seigneur dominant.

RÉPONSE.

On n'a peut-être jamais propofé rien de fi monftrueux, que cette doctrine. Quand il feroit vrai, que la portion de Sivry acquife en 1529, par Girard de Vienne, auroit été dèflors pleinement réunie à la Baronie d'Antigny, comment cela auroit-il changé la nature du refte de cet arriere-Fief?

Il eft, dit-on, des regles, que *denominatio fumitur à nobiliori parte.* Cela peut être vrai, quand le tout eft poffédé par une même perfonne. C'eft le cas, dont parle Chopin, fur la *Page 32.* Coutume de Paris *liv.* I, *tit* 2, *n.* 28, cité par le Sieur Languet. Car il dit, que le Seigneur, qui retient par droit de retenuë des fonds cenfuels, les rend nobles & féodaux, quoiqu'il n'ait que la douziéme partie du Fief dominant. Mais a-t-il dit, que s'il n'acquéroit qu'une partie de ces fonds, il communiqueroit la qualité de nobles & de féodaux à l'autre partie, qui demeureroit dans les mains d'un Roturier? Cet Auteur étoit trop judicieux pour cela. Ce paradoxe étoit réfervé au Sieur Languet.

OBJECTION III.

Page 52 & fuiv. S'il étoit vrai qu'en 1589 le Baron d'Antigny, en vendant la portion de Sivry, qui lui apartenoit, eût retenu la mouvance, il auroit fait ce qu'il n'auroit pû faire au préjudice du Roi.

RÉPONSE.

Le Sieur Languet compte beaucoup fur des anciennes Ordonnances de Philipes Augufte, Philipes le Bel & Loüis XI, dont quelqu'unes font plus que fufpectes, & dont aucune ne peut faire Loi en cette Province, comme on l'a montré dans les précédents Mémoires.

On a fait voir de plus que ces Ordonnances n'étoient point aplicables au fait particulier du procès. Car elles ne parlent, que des conftitutions d'arriere-Fiefs, faites dans le cas du parage, c'eft-à-dire, où les cadets, dans le partage des chofes féodales, étoient obligés de tenir leur portion en arriere-Fief de leurs aînés. Comme cela rendoit ces conftitutions d'arriere-Fiefs trop fréquentes, les Rois ont voulu en abolir l'ufage, & notre Coutume s'y eſt conformée, lors de la rédaction qui en ſut faite en 1459. Mais ces Loix nouvelles n'ont point derogé à la liberté, que les Seigneurs ont eu de toute ancienneté de démembrer, en d'autres cas, une petite portion de leurs Fiefs, pour la donner en arriere-Fief.

La Dame Apellante l'a prouvé, pag. 13 de ſon ſecond Mémoire, par l'autorité unanime de tout ce que nous avons de meilleurs Juriſconſultes, qui ont écrit depuis ces Ordonnances, & même par celle des Commentateurs de notre Coutume. Le Sieur Languet n'y répond rien. Que pouroit-il en effet y répondre ?

Il s'apuye à ſon ordinaire, ſur des Auteurs, qui ont écrit ſur des Coutumes, qui ont des diſpoſitions contraires ; comme Coquille ſur celle de Nivernois, & Béraud ſur celle de Normandie.

Il cite Dumoulin, qui a décidé que la conſtitution d'arriere-Fief ne pouvoit porter préjudice au Seigneur dont releve le Fief dominant. Perſonne n'en doute. La Dame Apellante a cité elle-même, pag. 16 de ſon ſecond Mémoire, un Auteur moderne, (Bille-coq) qui explique trés-bien cette régle.

Mais cela n'a pas empêché cet Auteur, non plus que Dumoulin, au paſſage cité, *ibid. pag.* 13, de décider, que réguliérement le Seigneur peut donner en arriere-Fief une partie de ſon Fief, ſans le conſentement du Seigneur Suzerain, à moins que la Coutume des lieux ne porte le contraire.

Le Sieur Languet perſiſte toujours à ſe prévaloir des Arrêts de 1647 & 1695. Cependant on lui a fait voir, que le premier n'étoit pas dans le cas. Et à l'égard du ſecond, on lui a montré que loin de lui être favorable, il lui étoit abſolument contraire. Car en jugeant que le Comte de Brienne n'avoit pû démembrer des Fiefs, *qui faiſoient originairement partie du corps de ce Comté*, parce qu'en effet cela n'eſt pas permis à l'égard des grands Fiefs tels que ce Comté, le même Arrêt décida, qu'il avoit pû le faire à l'égard d'un autre Fief, qui avoit été en arriere-Fief. Or c'eſt préciſément le cas de ce procès.

En vain le Sieur Languet voudroit en impoſer à la Cour, en diſant, que les trois Fiefs, dont le démembrement fut annullé par cet Arrêt, *avoient été anciennement arriere-Fiefs.* Cela eſt formellement contraire au Plaidé de M. le Procureur Général énoncé dans l'Arrêt. La Cour eſt ſupliée d'en prendre la lecture.

Il eſt donc certain que les Seigneurs d'Antigny ont eu une entiere liberté, de remettre en nature d'arriere-Fief la portion du Fief de Sivry, qu'ils avoient acquiſe.

Quand même les actes, qui ſont produits au procès, ne ſuffiroient pas pour prouver, que cette portion a été venduë à la charge de la mouvance, la Dame Apellante a établi par des Autorités ſans réplique, que cette vente n'ayant rien de contraire, cette réſerve a été ſous-entenduë de Droit, par cette régle, qu'en ce cas les choſes reprennent d'elles-mêmes facilement leur premiere nature. Mais cette queſtion devient inutile par le fait, puiſque Jean Brouhot, qui eſt aujourd'hui repréſenté par le Sieur

Page 37.

Page 52.

Page 61.

D

Languet, a lui-même reconnu cette réserve, & qu'il a en conséquence prêté hommage au Seigneur d'Antigny. Or le Sieur Languet ne sçauroit revenir contre la reconnoissance de son auteur.

OBJECTION IV.

Pages 41, 52.

Par les anciennes & nouvelles Ordonnances, le Domaine du Roi, & les droits, qui en dépendent, sont inaliénables & imprescriptibles. Ainsi le droit de mouvance immédiat du Fief de Sivry, ayant une fois apartenu au Roi, il n'a jamais pû être acquis, ni prescrit par le Seigneur d'Antigny.

RÉPONSE.

Quand ce droit de mouvance auroit été dévolu au Roi, ce ne pouroit être, que pour la portion, qui fut venduë en 1529 à Girard de Vienne. Ainsi la Sentence dont est apel, seroit toujours insoutenable, en ce qu'elle a adjugé au Roi la mouvance de la Seigneurie entiere de Sivry.

Mais elle n'est pas moins injuste, en ce qui regarde la portion même, qui fut acquise en 1529, par le Seigneur d'Antigny.

En effet, à suposer le Domaine du Roi imprescriptible en toutes sortes de cas sans distinction, (quoique cela ne soit pas absolument vrai) on a fait voir au Sieur Languet, que cette maxime n'a lieu, que pour le véritable Domaine ; c'est-à-dire celui, qui a été expressément incorporé au Domaine, ainsi qu'on l'a expliqué au second Mémoire de la Dame Apellante, *pag.* 20 & 21. On y a cité la disposition de l'Edit de 1566 sur ce point, & elle a été renouvellée pour ce regard par l'Edit du mois d'Avril 1667, cité par le Sieur Languet lui-même.

Or il ne se trouvera pas, que le droit, dont il s'agit, ait jamais été incorporé au Domaine de la Couronne. Il a donc pû être aliéné, & par conséquent prescrit. Le Sieur Languet en a fourni lui-même la preuve, dans la production qu'il vient de faire d'un Arrêt de la Chambre des Comptes, rendu sur le dénombrement fourni en 1656 par le Seigneur d'Antigny. On y voit qu'on en raya quelques Fiefs, qu'on y avoit compris comme arriere-Fiefs, parce qu'on reconnut sur les Régistres de la Chambre, que les possesseurs de ces différents Fiefs en avoient rendu hommage au Roi, soit pour le tout, soit pour partie. Mais on ne trouve pas Sivry dans le nombre des Fiefs rayés, quoique compris deux fois dans le même dénombrement, parce qu'en effet le Roi n'en avoit ni n'en a jamais reçû l'hommage ; & par conséquent n'ayant jamais été incorporé à son Domaine, il est incontestable, qu'il a pû être prescrit. C'est donc en pure perte, que le Sieur Languet a fait un grand étalage d'Autorités, pour prouver l'imprescriptibilité du véritable Domaine du Roi.

OBJECTION V.

Page 71.

Celui, qui avouë le Roi pour son Seigneur Féodal, ne peut jamais être sujet à la commise.

R E' P ON S E.

Premiérement, on nie que le Sieur Languet ait véritablement avoüé le Roi avant le 19 Novembre 1733, quoiqu'il eût défavoüé le Seigneur d'Antigny dès le mois de Décembre 1729. Il l'a bien avoüé du bout des lévres, mais ce n'est point là l'efpèce d'aveu, prefcrit par les Coutumes pour la forme de l'hommage. Il faut une reconnoiffance réelle faite à la perfonne du Roi, ou de fes Officiers prépofés par Sa Majefté pour la réception des devoirs de Fiefs, ainfi qu'on l'a déja fait voir, pag. 26 du fecond Mémoire de la Dame Apellante.

En effet, qu'eft-ce qu'un véritable aveu, fuivant la définition de Pontanus, fur l'art. 102 de la Coutume de Blois ? par ce mot, dit-il, *adveu, univerfa Gallia noftra intelligit eam prefffionem Vaffalli DE SCRIPTO DOMINO REDDENDAM, quâ profitetur de ejus Vaffallum ratione fundi fui, quod ab eo in fidem & homagium tenere confitetur, ac ut dicitur, recognofcit, ratione illius fundi vel loci dominantis.* Cette définition eft celle que donnent, de *l'aveu*, généralement tous les Coutumiers. Elle nous en aprend les véritables conditions, & par conféquent celles du faux aveu. *Le faux aveu fe fait, lorfque le Vaffal avoüë ET FAIT LA FOI ET HOMMAGE A UN AUTRE SEIGNEUR*, dit Ferriere, fur la Cout. de Paris, art. 43, gl. 1, n. 24. Cette propofition, qu'il confirme par la difpofition expreffe de quelques Coutumes, ne trouve point de contradicteur. Ainfi il eft vrai de dire, que le Sieur Languet n'a proprement avoüé le Roi qu'en 1733, teins auquel le droit de commife étoit déja acquis au Seigneur d'Antigny.

La raifon eft, que l'aveu contient deux circonftances effentielles, qui doivent réellement s'accomplir par le Vaffal, fuivant les Coutumes, & entre autres la notre, *tit. des Fiefs*, art. 2, fçavoir, *l'hommage & le ferment de feauté ; debet petere renovationem inveftituræ, & polliceri fidelitatem.* Chaffen. fur l'art. 1 du même titre, verb. *pour caufe de devoir n.* 1. Or cela ne fe peut faire, qu'à la perfonne du Seigneur, ou de ceux qui le repréfentent ; & fi l'une de ces chofes fe faifoit fans l'autre, le Vaffal n'en encoureroit pas moins la peine de la Loi. *Etiamfi inveftituram petierit & non polliceatur fidelitatem, incidit in pœnam Legis*, dit Chaffen. *ibid.*

Or puifque le Sieur Languet, en défavoüant fon Seigneur, n'a point fait d'aveu réel & effectif au profit du Roi, il n'eft pas dans le cas, où quelques Auteurs ont prétendu, que le faux aveu excufoit de la commife, & on le défie de montrer un feul exemple, où dans une pareille circonftance un Vaffal ait été exemté de la peine, que mérite fa félonie.

En fecond lieu, on a montré au Sieur Languet, que de toutes les Coutumes de France, il n'y a que celle de Meaux feule, qui décharge de la confifcation du Fief le Vaffal défavoüant, pour avoir avoüé le Roi. Encore ajoute-t-elle ces mots : *& fans fraude.*

Or s'il y a jamais eu un défaveu frauduleux, on ofe dire que c’eſt celui du Sieur Languet. Car quel prétexte a-t-il eu pour recourir au Roi ? Etoit-il inquiété par Mrs. de la Chambre des Comptes ? Nullement. Il étoit en poſſeſſion depuis 1705, ſans qu’on l’eût troublé ni d’un côté ni d’un autre. Cependant c’eſt le ſeul cas, où ſuivant les Commentateurs de la Coutume de Paris, le déſaveu puiſſe être toléré. Car *ſi le Vaſſal n’étoit pourſuivi que par un Seigneur, il ſeroit mal fondé à le dénier pour Seigneur, ſous prétexte, qu’il ignoreroit s’il eſt ſon véritable Seigneur, ſans encourir la commiſe*, dit Ferriere, ſur cette Cout. art. 43, *gl.* 1, *n.* 8. Etoit-il dans l’incertitude du dernier état de ſon Fief ? Encore moins, puiſqu’il ne pouvoit ignorer que ſon pere, ſon ayeul, & tous ſes prédéceſſeurs depuis pluſieurs ſiécles, avoient toujours repris d’Antigny.

L’a-t-il fait par un mouvement inconſidéré, & ſans connoiſſance de cauſe ? Il n’oſeroit le dire lui-même, puiſqu’il ne s’eſt porté à cette extrémité, qu’après avoir eu communication des titres de ſon Seigneur, hors de Jugement, en Jugement, après la plaidoirie des Avocats, & par des déclarations géminées.

Il eſt donc dans le cas du déſaveu frauduleux, qui eſt, *quand le Vaſſal étant pourſuivi par ſon Seigneur pour le reconnoître, a ſuſcité malicieuſement, & à deſſein un autre Seigneur, pour conteſter contre lui la mouvance féodale*, dit Ferriere, au lieu cité n. 25. A ces traits le Sieur Languet refuſera-t-il de ſe reconnoître ?

A la vérité, il voudroit ſe prévaloir du ſentiment particulier de quelques Auteurs, comme Boérius ſur la Coutume de Bourges, de M. de Salvaing, de l’uſage des Fiefs, & de quelques autres, qui ont tenu que le Vaſſal, qui avouë le Roi au préjudice du Seigneur féodal, ne commet point ſon Fief.

Mais 1°. ils parlent tous d’un aveu réellement fait au profit du Roi par le Vaſſal. Ici il n’y en a eu aucun avant le déſaveu du Seigneur d’Antigny, ni même avant le Jugement, qui l’a condamné à reprendre du Roi.

2°. Aucun de ces Auteurs ne parle du cas de la fraude, prévû par la Coutume de Meaux, & par les Auteurs cités par la Dame Apellante. Or la fraude & le dol ſont toujours exceptés de toutes les déciſions générales. *Neque enim malitiis indulgendum eſt*, dit la Loi 38, *ff. de rei vindicat.*

3°. Le ſentiment particulier de ces Auteurs, comme déraiſonnable, & contraire à toutes les Coutumes de France, qui ont parlé du faux aveu fait au profit du Roi, a été rejetté non ſeulement par d’autres célébres Juriſconſultes, mais de plus par un Arrêt ſolemnel de ce Parlement du 5 Juillet 1564, qui eſt produit au procès, & qui a été rendu au Raport d’un des plus grands Magiſtrats de cette Compagnie, dans un cas beaucoup moins favorable que celui où ſe trouve le Sieur Languet. La Cour ne ſera pas ſans doute moins ſévére, ni moins attachée aux régles, qu’elle fut alors.

L’Arrêt du Parlement de Paris du 21 Aout 1649, qu’on prétend contraire, ne l’eſt en aucune maniere. Si on veut prendre la peine de le vérifier au Journal des Audiences, *tom.* 1. *liv.* 5, *ch.*

48, où il eſt inſcrit au long, avec les raiſons des Parties ; on y verra qu'il n'y étoit point queſtion de mouvance féodale, & encore moins de déſaveu. Il s'agiſſoit uniquement de droits de retenüe féodale, & de quints & requints ; enſorte que Brodeau a eu de mauvais Mémoires, lorſqu'il en a apliqué la déciſion à toute autre choſe. D'où il réſulte que le Sieur Languet ne ſçauroit citer un ſeul Arrêt, qui puiſſe autoriſer la thèſe qu'il ſoutient, tandis que la Dame Apellante en a un qui a décidé formellement la thèſe contraire.

OBJECTION VI.

Pag. 1, 82, 85.

Suivant Loiſeau, qui cite Dumoulin ſur l'art. 30 de la Coutume de Paris, n. 99, lorſque le Fief eſt conſtitué par vente, il n'eſt pas ſujet à la commiſe pour félonie. Or le Sieur Languet eſt dans le cas, puiſque ſes Auteurs ont acheté en 1589 du Seigneur d'Antigny à prix d'argent, le Fief de Sivry. Il ne ſeroit pas juſte que ce Seigneur eût l'argent & la marchandiſe.

RÉPONSE.

Quand ce principe ſeroit vrai, il ne pouroit être apliqué que pour la petite portion de Sivry, qui fut venduë à Jean Brouhot en 1589. Les autres portions, qui de toute ancienneté ſont reſtées arriere-Fiefs d'Antigny ; ſont préſumées avoir été concédées à titre gratuit.

De plus, ce principe ne pouroit avoir lieu qu'entre le premier Vendeur & l'Acheteur. Car qui pouroit croire, qu'un arriere-Fief, pour avoir été vendu à prix d'argent, en quelques mains qu'il paſſât à jamais, eût ce privilége d'être perpétuellement exemt de la condition générale des Fiefs, qui ſoumet le Vaſſal à la commiſe en cas de déſaveu ? Il faudroit une Loi bien préciſe pour que cette déciſion eût lieu.

Mais dans le vrai, cette prétenduë maxime n'a aucun fondement ſolide. On ne peut s'aſſurer, ſi le ſentiment de Loiſeau eſt tel, que le Sieur Languet l'a cité. Il l'a fait de maniere, qu'on n'a pû le vérifier, ni trouver l'endroit où Loiſeau en a parlé.

A s'en tenir cependant à ſa citation, on voit que Loiſeau n'a fait que ſe conformer ſans examen, à l'autorité de Dumoulin, ſur l'art. 30 de l'ancienne Coutume de Paris, qui eſt le 43 de la nouvelle, n. 99 ; or, il faut que cet habile homme ait lû ici Dumoulin avec peu d'attention. Car on peut tenir pour conſtant, qu'il n'ent dit pas un ſeul mot en l'endroit cité, où il agite une toute autre queſtion.

C'eſt au n. 115 où il en parle véritablement, mais d'une maniére diamétralement opoſée à la prétention du Sieur Languet. Il commence par y demander, ſi la commiſe a lieu pour déſaveu, à l'égard du Fief qui a été concédé au Vaſſal à titre de donation rémunératoire ? *quæro utrum iſta habeant locum in feudo conceſſo ex cauſa remunerationis?* ce qui fait le doute, c'eſt que ce titre n'eſt pas purement gratuit. *Si Dominus illud conceſ-*

*ferit objuſtam cauſam remunerationis, non cenſetur beneficium nec pro-
prie feudum contuliſſe.* Mais nonobſtant cela, il décide que le
Fief n'en eſt pas moins ſujet à la commiſe. La raiſon qu'il en
donne, eſt que cette conceſſion, quoique rémunératoire, eſt
reſtrainte *ad fines & limites feudi, & expreſſim (eo ipſo, quod vo-
catur feudum) conceſſa ad omnia onera feudalia, & ſic retentis
omnibus juribus feudalibus, inter quæ eſt jus commiſſi in caſum nega-
tionis, vel feloniæ.*

Enſuite paſſant au cas de la vente à prix d'argent, il décide
la même choſe en ces termes: *imo fortiùs ſi Dominus accepto pre-
tio concedat rem in feudum, quamvis iſtud feudum emptitium non ſit
ſecundum propriam naturam feudi, ex eo quod non eſt gratuitum,
tamen eſt verum feudum, ex quo ita actum eſt, & regulatur ſecundum
omnes leges, & conditiones feudi, ut expreſſim volunt omnes feudiſ-
tæ.* On ne peut rien de plus formel.

Que le Sieur Languet ceſſe donc de donner pour des princi-
pes, des propoſitions, qui ſont abſolument contraires aux prin-
cipes. Jean Brouhot ayant acquis une portion de Fief d'Antigny,
ſous la même condition d'arriere-Fief, qu'il en poſſédoit le reſte,
a-t-il pû penſer que cette portion auroit un privilége que les
autres n'auroient pas? cela ne tombe pas ſous le ſens.

Quand le Sieur Languet répéte ſi ſouvent, que la Dame
d'Antigny voudroit avoir l'argent & la marchandiſe, croit-il
qu'on ait oublié, que Brouhot profitant du beſoin, où ſe trou-
voit alors le Baron d'Antigny, trouva le moyen d'acquérir cette
portion du Fief de Sivry pour 370 écus, quoiqu'elle valût
beaucoup d'avantage? mais la diſcuſſion de ce fait eſt inutile,
puiſque ſuivant les régles, qu'on vient d'établir ſolidement, le
vendeur même a le droit de demander la commiſe du Fief vendu, en cas de déſaveu de ſon Vaſſal.

Et il ne faut pas dire que la cauſe du Sieur Languet ſoit plus
favorable, que celle de la Dame Apellante, en ce qu'elle plai-
de, *pro lucro captando;* au lieu que l'autre le fait, *pro damno
vitando.* On trouve la réponſe à cela dans ces paroles de Dumoulin. *loc. cit. n.* 101. *Nec obſtat quod emptor (Vaſſallus) certa de
damno vitando, Patronus autem de lucro captando ; quia Patronus non
habet omnino lucrativam cauſam, quia propter titulum infeudationis
præcedentis, ad hoc onus factæ, cenſetur potiùs reverti ad rem ſuam,
& jus antiquum recuperare, quam lucrari, & de novo acquirere.*

Loin que la commiſe pour déſaveu, ait été regardée comme
défavorable, il y a des exemples où elle n'a pas laiſſé que d'être
adjugée, quoique dans des cas, où le Vaſſal paroiſſoit fort excu-
ſable. Me. Antoine Mornac en raporte ſurtout un Arrêt mémo-
rable du Parlement de Paris, dans ſon Recüeil d'Arrêts, inſeré
à la fin de la derniere édition de ſes œuvres, *part.* I, *Arrêt* 34,
en cette eſpèce.

Antoine Neveu avoit acheté un Fief, comme mouvant du
Comte de Buſançois, dont il avoit repris en conſéquence. Treize
ans après il fut aſſigné par le Sieur des Jumeaux, pour reconnoître ce Fief, qu'il prétendoit être dans ſa mouvance. Neveu

repréfenta fon contrat, qui portoit le contraire, & forma le défaveu contre ce Seigneur, qui auffi-tôt demanda la commife du Fief. Neveu ayant perfifté à fon défaveu, le Juge ordonna que les titres du Sieur de Bufançois feroient reprefentés. Comme il ne s'en trouva point, Neveu déclara qu'il étoit prêt de reconnoître le Sieur des Jumeaux, offrit les dépens, & fur le fondement de fa jufte ignorance, prétendit devoir être renvoyé de la commife. Et en effet cela fut ainfi jugé au Baillage de Tours. Mais fur l'apel, il y eut Arrêt au raport du célebre M. Loüet, qui adjugea la commife au Sieur des Jumeaux. Sur quoi Mornac cite Dumoulin, lequel, dit-il, *ita magnificè decidit*. Or on demande au Sieur Languet s'il fe croit dans un cas qui mérite plus de faveur ?

Au refte, la Damé Apellante a apris avec furprife, que le Sr. Languet, dans fes follicitations, ne ceffe de s'écrier, qu'on veut le ruiner, en lui faifant perdre une Terre de cent mille francs. Quand cela feroit, on pouroit lui répondre, que cette circonftance ne fait rien à la chofe, & que c'eft à lui à s'imputer de s'être lui-même précipité inconfidérément dans ce danger : *quia negando*, dit Dumoulin au lieu cité, *n. 68, autorem effe Patronum in judicio, & litem conteftando, fuper actione feudali, & commiffi, feipfum facto fuo huic pœnæ & periculo fubjecit.*

Il eft cependant bien extraordinaire, qu'il avance de pareils faits, tandis qu'il y a preuve du contraire au procès, & qu'il vient de produire lui-même une piéce, où il reconnoît que la Terre de Sivry a été donnée en dot à fa mere pour la fomme de 13000 livres ; c'eft dans l'acte de fa reprife de Fief, faite à la Chambre des Comptes le 19 Novembre 1733, où les épices de fa réception ont été réglées fur ce pied. Or on fçait que les chofes données par contrat de mariage, ne s'eftiment jamais au-deffous de leur jufte valeur.

Mais pour faire ceffer fur ce point les difcours frivoles du Sieur Languet, la Dame Apellante veut bien lui déclarer, qu'elle ne porte l'eftimation de la totalité de la Terre de Sivry, dont elle demande la commife, qu'à la fomme de quinze mille livres, confentant qu'au cas qu'elle lui foit adjugée en la qualité qu'elle agit, comme elle l'efpere, le Sieur Languet puiffe la retenir & la conferver pour ladite fomme de quinze mille livres, à la charge d'arriere-Fief envers le Marquifat d'Antigny ; & pour qu'il puiffe fe prévaloir des offres, qu'elle lui fait à cet égard, elle fignera la préfente réponfe, fans préjudice de toutes les autres conclufions par elle prifes au procès.

ADDITION

A la réponse de la Dame Marquise d'Antigny.

DEpuis la réponse de la Dame Apellante achevée, il en a paru une du Sieur Languet, qui ne roule que fur des faits. Comme tous les anciens ont été déja réfutés, on ne s'attachera qu'aux nouveaux, qui font en petit nombre.

Pag. 2 de la réponfe du Sieur Languet. Il ofe dire, 1°. Qu'avant l'acquifition de Jean Brouhot en 1589, il ne poffédoit que des fonds & héritages, & le domaine utile des terres, prés & bois, qui compofoient cette Seigneurie.

Pour connoître la fauffeté de ce fait, il n'y a qu'à lire les reprifes de fief, qu'il fit en 1574, & 1578 des portions de Sivry, qu'il acquit des Labaume & Berthot. On y verra qu'il avoit acquis la Seigneurie de ces portions, & qu'il en rendit hommage au Seigneur d'Antigny.

Pag. 8, 9 ibid. Il dit, 2°. Que ce Seigneur vendit à Brouhot en 1589 tout ce qu'il avoit à Sivry, à la réferve de ce qu'en avoit acheté Jean Goulye.

Mais eft-ce à dire qu'il lui vendit ce qu'il n'avoit pas, & ce que Brouhot avoit déja acquis lui-même en 1574 & 1578?

Pag. 9 ibid. Il dit, 3°. Qu'il ne fe réferva point la mouvance, d'où il fuit qu'il l'avoit venduë.

Mais à qui l'auroit-il venduë? certainement ce n'étoit point, ni ce ne pouvoit être à Brouhot, qui ne pouvoit devenir vaffal de lui-même; il ne pouvoit pas même l'acheter, & par conféquent il n'étoit pas befoin que le vendeur en fit la réferve.

D'ailleurs on ne peut pas douter qu'il ne l'ait faite, on l'a déja tant dit, puifque Brouhot la reconnut lui-même dans le compromis de 1598, & qu'en effet il avoit fait hommage de cette portion au Seigneur d'Antigny.

Pag. 2, 9 ibid. Il dit, 4°. què par ce compromis le Seigneur d'Antigny avoit reconnu, que la vente de 1589, ne s'étendoit point au de-là de *ce qui dépendoit de la Seigneurie de Sivry, que fes prédéceffeurs avoient autrefois acquife des prédéceffeurs du Sieur de la Vefvre.*

Il difoit vrai, car la portion que Girard de Vienne acquit en 1529, venoit originellement des anciens Seigneurs de Sivry, des fucceffeurs defquels Brouhot, qui étoit le Sieur de la Vefvre, avoit acquis les autres portions. *Quid inde?*

Pag. 5, 8 ibid. Il dit, 5°. Que Girard de Vienne par le contrat de 1529, n'acquit que la moitié du Fief de Neüilly. Or les Seigneurs d'Antigny ont depuis acquis tout le Fief. Ils ont donc pû en faire autant de Sivry.

Ils l'ont pû faire, donc ils l'ont fait. On laiffe à juger de la conféquence.

Pag. 6. Il dit, 6°. Que le terrier d'Antigny de 1577 a compris la Terre & Baronie d'Antigny, Foiffy, Chafoges, Veilly, Neüilly, Sivry,

& autres membres & dépendances. Le Baron d'Antigny y a dit, qu'il étoit Seigneur defdits lieux, à l'exclufion de tous autres.

On a déja répondu d'avance à ce nouveau fait. Comme une partie de Sivry apartenoit alors au Seigneur d'Antigny, il étoit naturel que faifant un nouveau Terrier, il y comprît, tant pour épargner les frais, que pour fa commodité, tout ce qu'il avoit dans le voifinage. Pour cela s'enfuit-il, qu'il ait voulu réunir le tout en un même corps de Seigneurie ?

Ces mots de *membres & dépendances* ne doivent s'entendre, que *referendo fingula fingulis*; & on ne peut leur donner d'autre fens, finon qu'on vouloit comprendre dans ce Terrier les membres & dépendances de chacune de ces Seigneuries. D'ailleurs ces termes font de ftile, & de la formule du Commiffaire à Terrier; feroit-il jufte d'en induire une conféquence auffi importante que celle de la réunion, dont il s'agit ?

A la bonne heure, fi dans ce démembrement de la Baronie d'Antigny, on avoit compris le Fief de Sivry, parce que cet acte eft fait pour énoncer toutes les parties d'un même corps de Seigneurie ; mais comme un Terrier peut renfermer plufieurs différentes chofes, cela ne fait pas le même effet.

D'ailleurs le Terrier de 1577 a été fait avec fi peu d'attention, que le Baron d'Antigny y eft dit *Seigneur defdits lieux, à l'exclufion de tous autres*; ce qui ne peut s'entendre de Sivry, puifqu'alors Brouhot en avoit déja une portion, qu'il avoit acquife en 1574, & que l'année fuivante celle, que fut fait le Terrier, fçavoir en 1578, il en acquit une autre de Jean de la Baume. Ainfi cette énonciation générale devoit être reftrainte à la portion qu'avoit acquife Girard de Vienne en 1529; & en effet elle s'y trouve reftrainte aux feuls *fujets* qu'il avoit à Sivry; car l'art. IV. que le Sieur Languet n'a pas jugé à propos de tranfcrire en entier, parce que cela détruit fon fyftéme, eft conçu en ces termes : *Audit Sieur apartient la Juftice haute, moyenne & baffe aufdits lieux d'Antigny, Foiffy, Chafoges, Voilly, Neüilly, ET SUR SES SUJETS DE SIVRY, & n'y a aucun Seigneur, qui ait ni puiffe prétendre en tous lefdits lieux, aucun droit de Juftice, ains ledit Seigneur de Commarain Baron d'Antigny eft Seigneur defdits lieux à l'exclufion de tous autres.* Les articles fuivants ne parlent de même que *de fes fujets de Sivry.*

Enfin le Sieur Languet revient toujours à la cotte 44, & aux inductions qu'on a réfutées cent & cent fois. Pag. 3 & paffim bid.

Il fe plaint que la Dame Apellante après l'avoir produite, ne veut pas s'y tenir, & foutient qu'il y a des erreurs de fait.

La Dame Apellante ne rifque rien à s'y tenir. Cette piéce étant bien entenduë, ne dit abfolument rien de ce que lui fait dire le Sieur Languet.

On foutient feulement, 1°. Que s'il y a quelque chofe d'ambigu, le fens en doit être expliqué d'une maniére conforme aux piéces, & à ce qui s'eft paffé depuis. 2°. Que fi par hazard l'Avocat qui a figné cet écrit, s'étoit équivoqué en fait, comme cela lui eft arrivé en quelques circonftances, on doit moins juger de la vérité par ce qu'il a légérement avancé, que par les autres piéces, contre lefquelles il n'y a rien à dire.

Après tout, à quoi aboutiffent tous ces longs difcours du Sr.

Languet? à prouver que la portion de Sivry acquife en 1529, a été pleinement réunie au Fief dominant. La Dame Apellante fe flatte d'avoir démontré le contraire.

Mais quand cela feroit, en feroit-il moins vrai en fait & en droit, que cette portion en a été defunie, & qu'elle a pû l'être pour être remife en nature d'arriére-Fief?

En feroit-il moins vrai, que le pere du Sieur Languet, fon aycul, & tous fes prédécefleurs depuis 150 ans, ont reconnu cette defunion légitime, fans aucun trouble de la part du Roi, fi ce n'eft depuis que le Sieur Languet a malicieufement fufcité fon Procureur de la Chambre du Domaine?

En feroit-il moins vrai, que les autres portions de Sivry, que Brouhot avoit acquifes en 1574 & 1578, font demeurées dans le même état, où elles avoient été de toute ancienneté? C'eft donc bien inutilement que le Sieur Languet s'étend avec tant d'emphafe fur cette prétenduë réunion.

Il a encore produit un Arrêt de la Chambre des Comptes du 12 Mai 1656, qui a rayé du dénombrement de la Baronie d'Antigny, les Terres d'Antigny-la-Ville, Charmois, Lufigny, & la moitié de celles de Thomirey, & de Nantoux, que le Baron d'Antigny avoit mifes au nombre des arriére-Fiefs de fa Terre. Mais quelle induction en tire-t-il?

Pag. 9 ; 10 ibid. On voit, dit-il, par cet Arrêt, que ces cinq prétendus arriére-Fiefs avoient autrefois fait partie du Fief d'Antigny, & y avoient été unis ou réunis.

Mais c'eft le Sieur Languet feul qui le voit, comme il voit dans les autres piéces beaucoup d'autres chofes, qui n'y furent jamais. Les mémoires de la Dame Apellante portent, que ces Fiefs, qui depuis très long tems font pofTédés par les Chapitres de la Cathédrale & de la Collégiale d'Autun, & par d'autres Seigneurs, étoient autrefois des arriére-Fiefs de la Baronie d'Antigny. Par la négligence des Seigneurs, ces mouvances fe font perduës, & font dévoluës au Roi. C'eft ce qui a caufé la radiation de la Chambre des Comptes.

Mais la même Chambre a-t-elle compris Sivry dans cette radiation? le Sieur Languet garde fur cet article un profond filence. En cela il fuit prudemment le confeil du Poëte, qu'il a fi à propos cité. Mais il devoit bien charger auffi fa mémoire de cet autre vers: *Dic nunc, poflhume, de tribus capellis.*

La Dame Apellante fe trouve encore obligée de fe plaindre, avant que de finir, du peu de ménagement, avec lequel le Sieur Languet continuë à parler de fa Maifon; la forcera-t-il donc à lui remettre devant les yeux les obligations importantes, dont il a dû trouver des preuves dans fa famille, en la perfonne de fon aycul maternel; & qu'il devroit, lorfqu'il en eft queftion, en parler avec quelque marque de reconnoiffance, & plus de circonfpection?

Monfieur le Marquis DE LANTENAY Raporteur.

C A L O N Confeil.

BIZOUARD Procureur.

www.ingramcontent.com/pod-product-compliance
Ingram Content Group UK Ltd.
Pitfield, Milton Keynes, MK11 3LW, UK
UKHW020148080726
13614UKWH00005B/2464